Tres tristes tigres

Escrito e ilustrado
Tere Marichal-Lugo

Colección Los Teatreros

Tere Marichal-Lugo es escritora, titiritera, ilustradora, dramaturga y contadora de cuentos.

El trabajo de Marichal-Lugo aparece ampliamente reseñado en el *Gran Diccionario de Autores Latinoamericanos de Literatura Infantil y Juvenil.*

Marichal-Lugo creó la **Colección Cuentos de Trabalenguas** para que el lector descubra diferentes historias que pueden nacer de un trabalenguas. En esta ocasión Marichal-Lugo, utiliza el teatro para llevar a cabo el juego literario que realiza con esta forma de expresión popular.

Más títulos de la
Colección Los Teatreros
María Chucena techaba su choza
Pancha la planchadora
María Magañas
Gallinita Colorá Colorá

Colección Los Teatreros

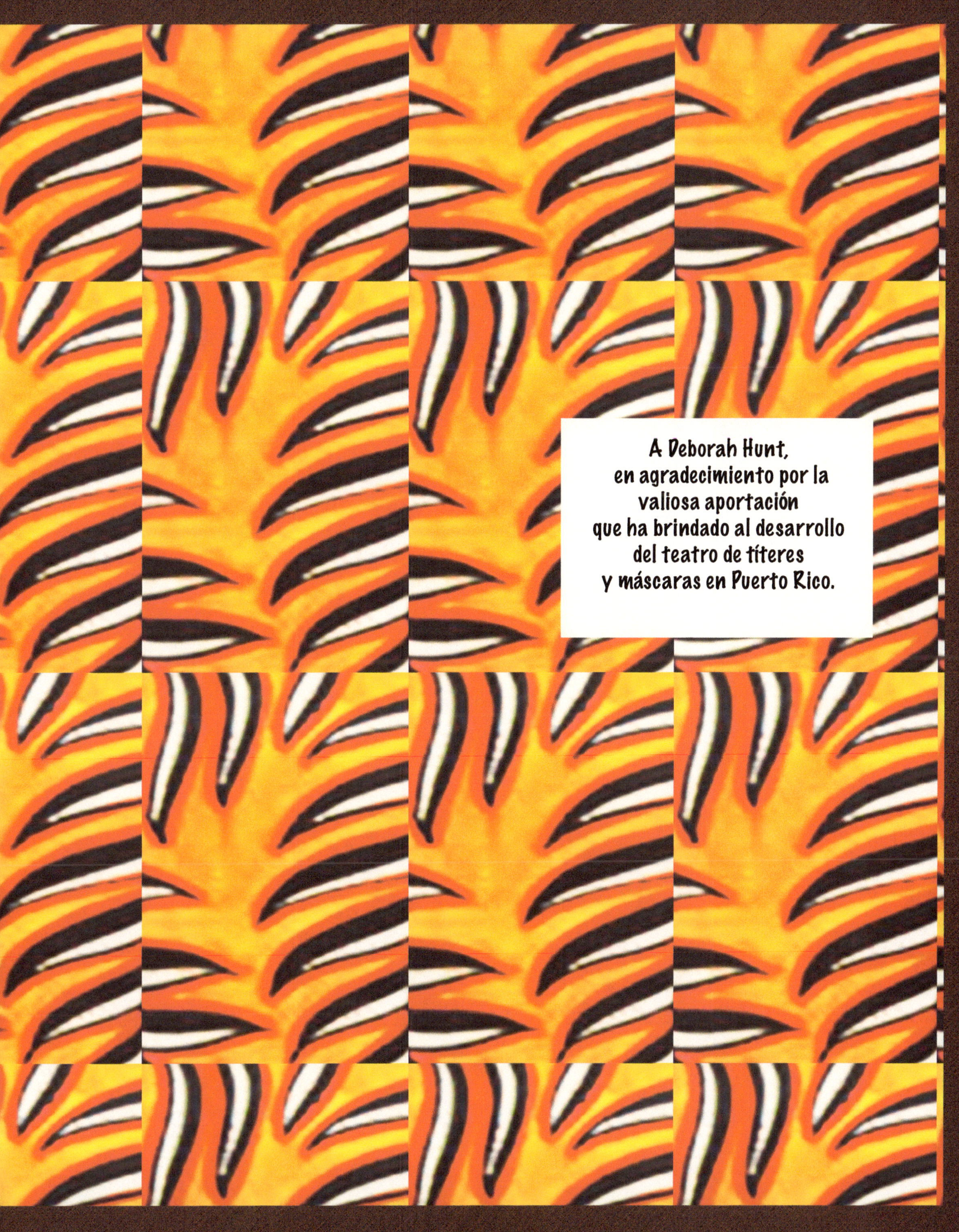

A Deborah Hunt,
en agradecimiento por la
valiosa aportación
que ha brindado al desarrollo
del teatro de títeres
y máscaras en Puerto Rico.

Teatro Los Huichichiquis

Maestra Ana:
¡Muy buenos días! Les presento
el Teatro de títeres Los Huichichiquis.

Camila:
¿Qué quiere decir esa palabra?

Maestra Ana:
Huichichiqui significa colibrí.
Hoy veremos la obra titulada:
Tres Tristes Tigres.

Kenny:
¡Yo se rugir como un tigre! ¡Grrrrr!

Dorián:
¡Yo también se rugir!
¡Grrrrr! ¡Grrrrr! ¡Grrrrr!

Maestra Ana:
Todos jugaremos a ser tigres,
pero primero vamos a ver
la obra de teatro.

6

Arlequín:
¡Niñas y niños! ¡Soy Arlequín!
¡El teatro Los Huichichiquis
les da la bienvenida!
¿Cómo están ustedes?

Niños y niñas:
¡Biiieen!

Arlequín:
¡Perfecto! Yo estoy super contento.
Les voy a hacer una pregunta:
¿Cómo rugen los tigres?

Niños y niñas:
¡Grrrrr! ¡Grrrrr! ¡Grrrrr!
¡Grrrrr! ¡Grrrrr! ¡Grrrrr!

Arlequín:
¡Qué muchos tigres!
¡Demos comienzo a la función
con el aplauso del público!

Teatro Los Huichichiquis

Arlequín:
Había una vez tres tristes tigres
que comían trigo en un trigal.
El mayor se llamaba Tucúquere.

Tucúquere:
¡Grrr! ¡Grrr! ¡Grrr!
¡Estoy desconsolado!

Arlequín:
El mediano se llamaba Miserere.

Miserere:
¡Grrr! ¡Grrr!
¡Estoy atribulado!

Arlequín:
El pequeño se llamaba Azumbre
y estaba tristísimo.

Azumbre:
¡Grrr!
¡Voy a llorar porque
estoy afligido!

Arlequín:
Todos sus amigos querían conocer
la razón por la cual los tigres
estaban tan tristes.

Doña Jirafa Rifa Rifarrafa:
Soy Rifa Rifarrafa, la jirafa
y quiero saber ¿por qué Tucúquere,
Miserere y Azumbre están tan tristes?

Tucúquere:
Tenemos muchas razones
para estar tristes. ¡Tristísimos!

Doña Jirafa Rifa Rifarrafa:
Cuenten que soy todo oídos.

Arlequín:
Les digo que eran
tres tristes tigres
en un trigal.
Uno, dos, tres
y los tigres
comenzaron a contar.

Azumbre:
Con tanto trigo a mi alrededor,
no puedo encontrar
el camino para regresar a mi casa.
Extraño a mi mamá,
a mi papá y a mis hermanitos.
¡Ayúdeme Doña Rifa Rifarrafa!
¡Por favor! ¡Grrr! ¡Por favor!
Usted es altísima
y puede ver donde está el camino.
¡Estoy desconsolado!
¡Grrr!

Doña Jirafa Rifa Rifarrafa:
Eso lo arreglo enseguida.
Voy a estirar y a estirar mi cuello
y encontraré el camino que buscas.

Azumbre:
Doña Rifa Rifarrafa, ¿Ve el camino?

Doña Jirafa Rifa Rifarrafa:
¡Por allí está! ¡Por allí está!
¡Ya lo encontré!
Vamos te llevaré.

Arlequín:
Dicho y hecho.
Azumbre regresó a su casa
muy feliz y campante.
¡Se acabó la tristeza para
el tigre más pequeño!
Les digo que
eran tres tigres.
Pero ahora solo quedan dos:
Tucúquere y Miserere.

Cimistarra:
Soy Cimistarra, la cotorra
y quiero saber
¿por qué Miserere y Tucúquere
están tan tristes?

Miserere y **Tucúquere:**
¡Estamos desconsolados!

Cimistarra:
Cuenten que soy todo oídos.

Miserere:
Se me enterró
una astilla en la pata.
Con tanto trigo a mi alrededor,
no la puedo ver
para poder sacarla.
¡Me duele mucho
y no puedo caminar!
¡Grrrrrr!
¡Grrrrrr!

Cimistarra:
¡Eso lo arreglo enseguida!
Por algo tengo un pico
muy fuerte que picotea y picotea.

Miserere:
¡Con cuidado!
¡Con cuidadito!

Cimistarra:
No se preocupe que tengo
vista veinte-veinte
y veo muy bien la astilla.

Tucúquere:
No te preocupes amigo.
Cimistarra es muy cuidadosa.

Miserere:
¡Grrrrrrrr!

Cimistarra:
¡Ya salió!
¡Ya salió la astilla!
¡Terminó la pesadilla!

Teatro Los Huichichiquis

Miserere:
¡Cimistarra, eres maravillosa!

Cimistarra:
¡Vamos a celebrar!
¡Miserere puede
correr y bailar!
ahora te ves más feliz
que una lombriz!

Arlequín:
Se acabó la tristeza para el tigre
mediano, ahora solo queda uno.

Tucúquere:
¡Grrr! ¡Grrr! ¡Grrr!
Ahora falto yo.
¡Estoy apesadumbrado!

Miserere:
Ya mismo se resuelve
tu problema. Ten paciencia.

Flamante:
Soy Flamante el elefante
y quiero saber
¿por qué el tigre Tucúquere
está tan triste?

Arlequín:
Les digo que antes eran
tres tristes tigres en un trigal
y ahora solo queda uno:
Tucúquere.

Tucúquere:
Me siento afligido y mustio.
¡Tristísimo y no sé por qué!

Flamante:
¿Triste siendo un hermoso tigre?
¿Afligido? ¿Mustio?
¿Cuál es la razón?

Tucúquere:
No me siento feliz.
¡Grrrrrr! ¡Grrrrrr! ¡Grrrrrr!

Flamante:
¿Qué te parece sin cantamos
juntos? Cuando cantamos
nos alegramos.

Tucúquere:
No se cantar. Sé rugir

Flamante:
Pues yo canto y tu ruges.
Escucha bien la letra que dice así:
Un elefante se balanceaba
sobre la tela de una araña,
como veía que resistía
fue a buscar otro elefante.
¡Grrrrrr!

Tucúquere:
Ruges muy bien. ¡Quiero cantar!

Flamante:
Ahora añadimos otros elefante:
Dos elefantes se balanceaban
sobre la tela de una araña...
(Cantan juntos).

Tucúquere:
Como veía que resistía
fue a buscar otro elefante.
¡Grrrrrr!
¡Ahora cantemos todos juntos!

(Cantan con el público).

Flamante:
Entonces, ¿se acabó
la tristeza?

Tucúquere:
¡Si! La tristeza se esfumó.
¡Sigamos con la canción!

Flamante:
Tres elefantes se balanceaban
sobre la tela de una araña
Como veían que resistían
fueron a buscar otro elefante.

Tucúquere:
¡Grrrrrr! ¡Grrrrrr! ¡Grrrrrr!

Teatro Los Huichichiquis

Arlequín:
Y de esta forma
cada cual encontró
la solución para su problema.
Con la ayuda de sus amigos,
la jirafa **Rifa Rifarrafa**,
la cotorra **Cimisterra**
y el elefante **Flamante**,
Tucúquere, **Miserere**
y **Azumbre**
espantaron la tristeza
y solucionaron sus problemas.

Tucúquere, Miserere
y Azumbre:
¡Con la ayuda de nuestros amigos,
espantamos la tristeza!

Rifa Rifarrafa,
Cimisterra y Flamante:
Por eso decimos:
¡Qué viva la amistad!

Arlequín:
¡Niñas y niños!
Hemos llegado
por fin al trigal, quiero decir,
al final de la obra teatral.
Yo me voy al cañaveral
a bailar y celebrar
porque terminamos
con mucha alegría
esta historia sin igual
de los tres tristes tigres
que aprendieron a reír
en el trigal.
Ahora vamos a rugir
como los tigres para celebrar.
¡A rugir para celebrar!

(Todos rugen).

Niños y niñas:
¡Grrrrrrrrrrrrrrr!
¡Grrrrrrrrrrrrr!
¡Grrrrrrrrrrr!

Maestra Ana:
¡Demos un fuerte aplauso
a la compañía de teatro de títeres
Los Huichichiquis!
Ahora, para finalizar
aprendamos trabalenguas:

Tres tristes tigres,
trigo tragaban en un trigal,
en tres tristes trastos,
tragaban trigo
tres tristes tigres
en un enorme trigal.

Tres tristes tigres
trigo trigaban
en un trigal.

¡Eran tres!
Tres tristísimos tigres
que tragaban trigo
en un trigal ancestral.
¡Grrr! ¡Grrr!
¡Grrr!